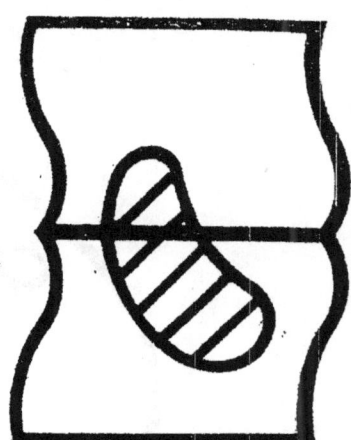

Illisibilité partielle

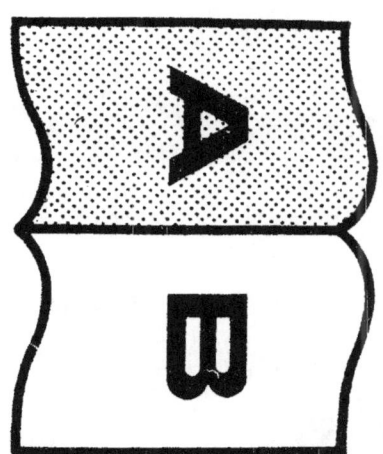

Contraste insuffisant
NF Z 43-120-14

Valable pour tout ou partie
du document reproduit

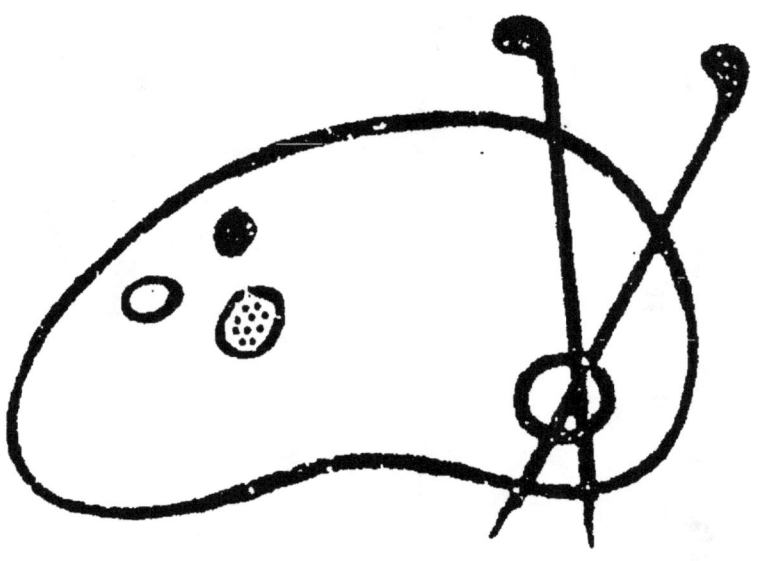

Début d'une série de documents
en couleur

UN HÉROS IGNORÉ

LE SOLDAT LA PIERRE D'UNET

PAR

Philippe TAMIZEY DE LARROQUE

TONNEINS

IMPRIMERIE GEORGES FERRIER

1891

A Mon cher maître et ami
Monsieur Léopold Delisle
Cordial hommage
J. de L.

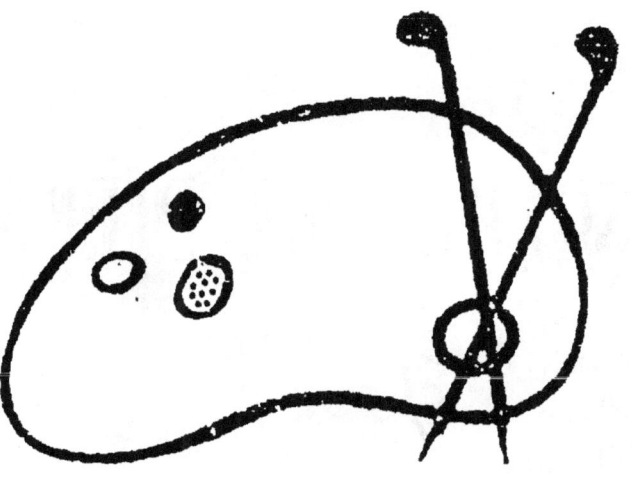

Fin d'une série de documents en couleur

UN HÉROS IGNORÉ

LE

SOLDAT LA PIERRE

D'UNET

PAR

Philippe TAMIZEY de LARROQUE

TONNEINS

IMPRIMERIE GEORGES FERRIER

1891

EXTRAIT, à cinquante exemplaires, du journal le *Paysan du Sud-Ouest*.

UN HÉROS IGNORÉ

Le Soldat La Pierre, d'Unet

Quand je donnai, sous les auspices de la *Société bibliographique*, une nouvelle édition des *Mémoires de Jacques de Chastenet, seigneur de Puységur* (Paris, 1883, 2 vol. grand in-18 jésus), j'eus à m'occuper (tome I, pages 58, 59) de l'admirable conduite d'un simple soldat qui, au mépris de mille dangers, avait porté, en nageant, au général en chef de l'armée royale assiégeant La Rochelle (1627), les dépêches du futur maréchal de Toiras bloqué par les Anglais dans le fort de Saint-Martin (Ile de Ré), et avait ainsi sauvé cette poignée de braves menacés de mourir de faim. Malheureusement les écrivains du temps — et Puységur, en particulier, qui, en sa qualité de capitaine gascon, aurait dû prodiguer les détails biographiques sur son compatriote (1) ne me fournirent aucun renseignement précis au sujet de l'incomparable nageur qui se moqua si bien de la fureur des flots et de celle des marins d'outre-Manche. Son nom n'était pas même exactement indiqué et le lieu de son origine restait incertain. Ballotté par les assertions contradictoires des contemporains, comme l'intrépide messager de Toiras avait été ballotté par les vagues de l'Océan, je n'osai me prononcer pour tel ou tel nom et pour telle ou telle origine, et je laissai à un plus heureux chercheur le soin de nous apprendre comment s'appelait réellement le soldat et quelle était sa ville natale.

Des années s'écoulèrent et la lumière ne se faisait pas. Impatient de la voir

---

(1) Tout reproche, à cet égard, serait immérité si, comme le veut la tradition dans la famille de Puységur, le manuscrit des *Mémoires* a été incomplètement reproduit par le premier éditeur qui, de son autorité privée, aurait supprimé bon nombre de particularités qu'il jugeait superflues. Peut-on assez maudire cet éditeur que dans mon indignation je rapproche de Procuste et de tous les autres fameux bourreaux de l'antiquité et des temps modernes.

briller, je posai dans la *Revue de Saintonge et d'Aunis,* si vaillamment et si habilement dirigée par M. Louis Audiat, une question sur le messager marin envoyé par Toiras au duc d'Angoulême (livraison du 1ᵉʳ Juillet 1889, p. 301). Je demandais là toute sorte d'indications touchant le « rude gaillard, » et, pour encourager mes lecteurs à bien chercher ce que je n'avais pas trouvé moi-même, je les régalai d'une plaisante naïveté tirée du récit donné par le *Mercure françois,* des prouesses nautiques de notre homme, naïveté dont je disais que M. Prud'homme la lui envierait (tome XIII, années 1627-1628, p. 856) : « Enfin il arriva... il revestit
« sa chemise qu'il avait ployée sur sa
« teste en forme de bonnet, *laquelle es-*
« *tait toute mouillée* (évidemment, bon
« et honnête Mercure !), et trouva un
« paysan qui le mena au fort Louys. »

C'est seulement dans la livraison du 1ᵉʳ juillet de cette année que l'on a répondu indirectement à mon pressant appel, en citant (p. 278-279) quelques passages du beau livre qui vient de paraître sous ce titre : *Les origines de la marine française et la tactique naturelle. Le siège de La Rochelle par le Vice-amiral* JURIEN DE LA GRAVIÈRE, membre de l'Académie française et de l'Académie des sciences (au profit de la Société centrale de sauvetage. Paris, librairie de Firmin Didot, 1891). Quel précieux auxiliaire pour moi que l'illustre amiral ! Sans doute il n'a pas dit tout ce que nous voudrions savoir sur le soldat qui joua si noblement sa vie pour sauver celle de ses camarades, mais il a dissipé toutes les incertitudes en ce qui regarde le nom de ce soldat et désormais, grâce au nouvel historien du siège de La Rochelle, on saura qu'il faut l'honorer sous le nom de *La Pierre*. Je ne résiste pas au désir de reproduire ici la principale partie de l'émouvant récit de l'amiral (chapitre XXVIII, *les nageurs héroïques*, p. 204-206) : « Tout a un terme cependant et il n'est bonne humeur qui puisse triompher bien long-temps de la révolte d'estomacs affamés. Aussi Toiras cherchait-il par tous les moyens possibles à faire parvenir jusqu'à l'armée du roi des avis qui ne laissassent à Louis XIII aucun doute sur la détresse de ses troupes et sur l'urgente nécessité d'un prompt secours. Toutes les chaloupes dont on pouvait disposer étaient déjà parties... Trois soldats résolus s'offrirent à traverser le canal à la nage. Dans sa moindre largeur, entre la pointe de Sablanceaux et la pointe Saint-Marc, ce canal a bien près de trois kilomètres. On en compte plus de onze du hâvre

Saint-Martin à la pointe du Plomb. L'offre des intrépides nageurs est acceptée. Ils se dépouillent de leurs vêtements ; on leur attache les lettres de Toiras au cou [l'amiral oublie de dire que ces lettres furent mises dans des boîtes de fer-blanc enduites de cire] et, la nuit venue, par un temps obscur, ils entrent dans la mer, au pied même des remparts de la citadelle. Leur intention est d'aller aborder à la pointe Saint-Marc, à l'endroit où se trouvait alors et se trouve encore le moulin de Laleu. Un trajet de onze ou douze kilomètres à la nage, fût-il favorisé par le courant, paraîtra non sans raison, je crois, au-dessus des forces humaines. Aussi les soldats de Toiras ont-ils songé à l'abréger. Ils savent que les Anglais ont échelonné des corps de garde tout le long de la côte, à la distance de cinquante pas environ l'un de l'autre. Il ne sera nécessaire d'abandonner la plage et de se mettre à l'eau que pour dépasser ces postes occupés chacun par une dizaine de soldats tout au plus. Grâce à ces alternatives de marche et de nage les messagers de Toiras atteignent sans trop de fatigue le fort de la Prée. Là, ils sont reçus par le commandant du fort, le sieur de Barrière, qui leur confie de nouvelles dépêches et ils se remettent courageusement en route, nageant cette fois tout droit vers la pointe Saint-Marc dont ils ne sont plus séparés que par une distance de cinq kilomètres et demi. Un des soldats, avant d'être arrivé à mi-chemin, se noya. Un second soldat, se sentant à bout de forces, alla se rendre à une ramberge anglaise. Le troisième, nommé La Pierre, natif de Gascogne, appartenait au régiment de Champagne. Il atteignit heureusement la côte, non sans avoir toutefois couru de grands dangers. Une chaloupe ennemie l'aperçut de loin et lui donna la chasse. Sitôt qu'il la vit venir, il plongea. Trois ou quatre fois il renouvela ce manège et finit par faire perdre sa trace. La première partie du trajet s'était accomplie par calme plat. A mi-route un orage s'éleva. Le nageur dut se se laisser porter par les vagues. Fort heureusement les vagues le portèrent à terre. Quand il prit pied sur la plage, à une demi-lieue environ du Fort-Louis, il était tellement engourdi qu'il ne pouvait se tenir debout. Pendant quelque temps, il lui fallut se traîner en rampant sur le sable; les forces cependant peu à peu lui revinrent... il s'achemina vers le Fort-Louis. »

On objectera peut-être que l'amiral

affirme, sans le prouver, que le nageur dont il a si bien raconté les exploits s'appelait La Pierre. En toutes questions douteuses, je le reconnais, on doit indiquer les raisons du choix auquel on s'est décidé. Je crois pouvoir justifier la préférence donnée par le brillant narrateur au nom de *La Pierre*, en constatant que ce nom est inscrit dans une publication quasi-officielle, le *Mercure françois* où nous venons de cueillir une si jolie *La Palissade*. M. Jurien de La Gravière aura pensé qu'une publication qui recevait les communications des ministres de Louis XIII devait être mieux renseignée que les écrivains qui, comme Scipion du Pleix *(Histoire générale de France*, tome V, in-folio, 1637) et comme son copiste l'historiographe Charles Bernard *Histoire de Louis XIII*, in-folio, 1646) ont célébré Pierre Lolanier, ou qui, comme le P. Arcère *(Histoire de La Rochelle et de l'Aunis*, 2 vol. in-4°, 1856-57) ont métamorphosé *Pierre Lolanier* en *Pierre Lanier*. J'en suis persuadé : de même que *Lanier* est une transformation de *Lolanier*, le prétendu *Pierre Lolanier* ne provient que d'une faute typographique commise par l'imprimeur de Scipion du Pleix et pieusement répétée par l'imprimeur de Charles Bernard.

C'est encore à une faute d'impression — Ah ! quel grand rôle ces fautes-là jouent dans le monde historique et littéraire et comme on peut les comparer à cet indéracinable chien-dent qui fait le désespoir des cultivateurs de nos coteaux ! — c'est encore, dis-je, à une faute d'impression que j'attribue l'erreur qui m'a long-temps embarrassé et qu'est heureux de démasquer enfin un vétéran de la critique — l'erreur d'après laquelle notre brave La Pierre serait né à Eymet (Dordogne). Du Pleix le premier (ou plutôt son imprimeur) a mis en avant le nom qui s'écrivait alors *Aimet)* de cette ville et beaucoup d'auteurs — dociles moutons qui sautent uniquement parce qu'un premier mouton a sauté — l'ont trop complaisamment suivi, notamment l'Oratorien Arcère, d'habitude plus judicieux. On aurait pourtant dû tenir compte de deux graves difficultés : Le *Mercure françois*, toujours approvisionné de renseignements puisés à bonne source, et, en ce qui concerne notre nageur, puisés probablement au camp même établi devant La Rochelle, déclarait formellement que La Pierre était « natif de Gascogne, près Tonneins. » Or Eymet n'est pas près de Tonneins et par le chemin le plus direct (Hautevigne,

Agmé, Saint-Barthélemy, Tombebœuf, Miramont, etc.), on a pas mal de bonnes petites lieues à franchir. L'autre difficulté n'est pas moins considérable : Du Pleix et, après lui, les *moutons* de tout à l'heure, y compris le P. Arcère, mettent *Aimet* en Agenais. Or cette ville appartenait incontestablement, alors comme aujourd'hui au Périgord. Laissons donc de côté une telle désignation, deux fois impossible, et adoptons, à la place, *Unet* qui, pour un typographe inattentif, ressemblait tant à *Aimet* (même nombre de lettres à peu près et même terminaison). Unet est tout près de Tonneins, Unet a toujours fait partie de l'Agenais, et la solution présentée n'est pas seulement de toute vraisemblance, elle est de toute vérité.

Après avoir établi — enhardi par l'exemple de l'amiral-académicien, que La Pierre est bien le nom de ce « pauvre soldat, » comme l'appelle Du Pleix avec une touchante sympathie, après avoir aussi établi que le village d'Unet est bien son berceau, il me reste un devoir à remplir. Je voudrais qu'en ce village un monument fût élevé — Oh ! rien de somptueux ! — un monument modeste comme le héros lui-même ! — immortalisant le souvenir de son dévouement. Je place avec confiance mon vœu sous la protection de ces éloquentes paroles de l'historien du siège de La Rochelle (p. 206-207) : « L'héroïsme revêt bien des formes. Il est héroïque de saisir, comme Cynègire, une embarcation ennemie avec les dents, de franchir d'une haleine la distance qui sépare Athènes du champ de bataille de Marathon ; mais combien plus héroïque encore me paraît le dévouement de ce simple soldat bravant les horreurs de la nuit, les surprises de l'orage, les effrois à chaque pas renaissants de l'obscurité solitaire, pour venir réclamer le secours qu'implore une garnison aux abois ! *credet posteritas ?* dit un poète du temps. La postérité le croira-t-elle ?.... Le soldat de Saint-Martin était resté seul, de là toutes les terreurs folles qui durent l'assiéger. Il ne se plaignit cependant que d'une chose : *d'avoir été persécuté par les poissons* (2). A première vue, son ac-

---

(²) Cette *persécution* des poissons, comme s'exprime le *Mercure françois*, a singulièrement frappé les contemporains, car ils en parlent tous avec émotion, les prosateurs comme les poètes. Puységur a sur ce point une indication d'une telle crudité, d'un tel réalisme, que, dans une édition destinée surtout à la jeunesse et que diverses institutions donnent en prix de fin d'année, j'ai été obligé d'avoir recours à la

tion ne révèle peut-être pas toute sa grandeur. Quand on y réfléchit, on ne peut s'empêcher de confesser qu'elle valait bien cent écus de pension *à prendre sur le produit des gabelles*. De nos jours, comme au temps de la Grèce antique, ce simple soldat aurait eu sa statue. Et vraiment, il y en a de plus mal placées. »

Oui, il y en a, et beaucoup, de plus mal placées, et celui qui écrit ces lignes a vivement protesté, voilà déjà plusieurs années, dans un des plus importants recueils périodiques de Paris, contre la manie que nous avons d'élever des

---

feuille de vigne. Du Pleix, plus réservé que son voisin (Condom est bien près de Lectoure) se contente de dire que le nageur (il avait dû faire son apprentissage sur le Lot ou sur la Garonne, dont Unet est séparé par de si faibles distances) « avait été plus combattu des poissons (dont les morsures qui paraissaient en son corps faisaient preuve) que du travail de la mer. » Un des meilleurs historiens du règne de Louis XIII, le P. Griffet, assurait, au siècle suivant, non sans quelque exagération, je suppose, que La Pierre « était tout en sang par la morsure des poissons. » Un autre jésuite, mais contemporain de la victime celui-là, le P. L. Cellot, multiplie les effrayants détails sur ses aventures. (p. 16 du *Panégyrique* — en latin — *dédié au pieux et juste roi Louis XIII*, 1628).

statues à des personnages dont de lointaines générations diront : Qu'avaient-ils donc fait pour cela ? Mais autant sont vaines et ridicules les débauches de bronze et de marbre auxquelles nous nous livrons tous les jours en l'honneur d'hommes politiques ou littéraires de très discutable valeur, autant s'impose à notre justice et à notre patriotisme l'érection d'un monument qui redirait maintenant et toujours combien il faut admirer et au besoin imiter l'esprit de sacrifice, la vertu militaire de l'humble collaborateur de Toiras. Sur le piédestal de la statue qui représenterait un soldat du régiment de Champagne, de ce régiment dont le nom seul formait le plus beau des éloges, on pourrait graver cette pittoresque phrase de l'historiographe Michel Baudier : « Un Etat ne peut périr quand pour sa défense les hommes y deviennent lions au combat et poissons à la nage. » On pourrait y graver encore ce sonnet composé au lendemain même de l'évènement, où quelques vers laissent à désirer, mais où, si je ne m'abuse, ne manquent ni l'inspiration, ni l'essor :

L'histoire fera voir à la postérité
Qu'un Français a passé l'Océan à la nage ;
A l'endroit où la mer enceint de tout costé
Cet isle, dont l'Anglais empesche le passage.

La nuict pleine d'horreur en son obscurité,
La colère des vents, la force de l'orage,
La froidure de l'eau, l'air plein d'humidité,
Ne sçurent point alors refroidir son courage.

Mesme entre les poissons l'image de la mort
Ne le peut empescher de venir à bon port
Et d'apporter au Roy une bonne nouvelle.

De quoy les plus vaillans furent fort esbays,
Car Léandre n'a faict pour l'amour de sa belle(3)
Ce qu'a faict celui-cy pour l'amour du pays.

Je suis certain que, soit dans notre région qui fournit jadis tant de vaillants officiers et soldats au régiment de Champagne, qui lui fournit notamment un lieutenant-colonel tel que La Mothe-Vedel, le héros de Miradoux, soit dans les rangs de notre armée, si fidèle au culte des vieux souvenirs, on réunirait facilement les fonds nécessaires à

---

(3) On sait que Héro, la belle jeune fille de Sestos, la digne prêtresse de Vénus, était ardemment aimée d'un jeune homme d'Abydos, qui, chaque nuit, traversait l'Hellespont pour la rejoindre, disant aux flots orageux ce mot charmant et qui peint si bien toute la vivacité de la passion : *ne me noyez qu'à mon retour*. On sait aussi que lord Byron, non moins grand nageur que grand poète, voulut renouveler le tour de force de Léandre et que l'auteur de *Child-Harold* franchit à merveille les deux kilomètres du détroit qui sépare l'Europe de l'Asie.

l'érection de la statue due, depuis plus de deux siècles et demi, à l'homme en qui brûla cette flamme généreuse et sacrée : l'amour du devoir poussé jusqu'à l'immolation. Le sculpteur est tout trouvé ; il nous est désigné par son talent, par ses succès, comme par sa présence au milieu de nous : c'est l'auteur du monument si justement admiré qui glorifie le souvenir des soldats du département de Lot-et-Garonne morts pour la patrie en *l'année terrible*, M. Daniel Campagne. Il faudrait que l'amiral Jurien de la Gravière vînt présider la cérémonie de l'inauguration et que, complétant son livre d'aujourd'hui par son discours de demain, il rendît avec toute l'autorité que sa belle vie donne à sa parole, un éclatant hommage au simple soldat qui, en des circonstances extraordinaires, mérita si bien de la France.

Ph. Tamizey de Larroque

www.ingramcontent.com/pod-product-compliance
Lightning Source LLC
Chambersburg PA
CBHW071438060426
42450CB00009BA/2229